JN437433

여해 강원용

여해 강원용

엮은이 여해와 함께
편집 강영숙
멋지음 안상수

펴낸날 2011년 6월 18일
펴낸이 박종화
펴낸곳 대화문화아카데미
등록 1976년 6월 24일(제2-347호)
우110-848, 서울 종로구 평창동 473-6
전화 02 395 0781
팩스 02 395 1093
이메일 tagung@daemuna.or.kr tagung@chol.com
홈페이지 www.daemuna.or.kr

ISBN 978-89-85155-33-5 03200
값 35,000원

이 도서의 국립중앙도서관 출판시도서목록(CIP)은
e-CIP홈페이지(http://www.nl.go.kr/ecip)와
국가자료공동목록시스템(http://www.nl.go.kr/kolisnet)에서
이용하실 수 있습니다.
(CIP제어번호: CIP2011002325)

여해 강원용 1917-2006

사
이 · 너머에서

다시 듣는 당신의 목소리

사진집 발간에 부쳐

여해 강원용 목사 5주기 기념

5년 전 이 땅을 떠난 강원용 목사는, 당신이 역설로서 보여준 신앙의 모습처럼, 우리의 시선을 과거가 아닌 미래로 이끈다. 당신은 언제나 미래지향적이었고 한순간도 안주하지 않았으며, 시대의 아픔에 직면해 한 번도 고개를 돌리거나 뒤로 물러서지 않았다. 당신은 성직자도, 정치가도, 사상가도 아닌, '빈 들에서 외치는 소리'였다. 사랑이 어둠을 이기리라는 믿음을 양손에 들고 생명을 수단으로 삼는 그 어떤 불의와도 맞선 예언자였다.

돌이켜보면, 불과 반세기 만에 눈부신 고도성장을 하면서, 그 숱한 굴레의 순간에서도, 우리 사회가 이만큼이나마 지탱할 수 있었던 것은 강원용 목사의 땀과 눈물에 빚진 바 크다. 기복신앙의 신봉자들이 왜곡해놓은 신앙의 참모습을 복원하고, 신앙 갱신으로 사회 갱신을 이뤄내고자 앞장섰으며, 그 연장에서 크리스챤아카데미를 설립해 우리 사회의 구체적인 문제들을 대화와 합의로 풀어나가고자 헌신했다. 그러고는 그 스스로 이 땅이 처한 문제를 지구적인 관점으로 확장, 세계와 우리 사회가 소통할 수 있도록 믿음직한 가교의 역할을 해주었다. 그렇게 강원용 목사가 이끌어온 인간화와 평화의 두 축은 지금 우리 사회의 중심축으로 자리 잡아, 사회를 극단으로 휩쓸어가는 불의의 바다가 넘보지 못하는 든든한 방파제가 되어주고 있다.

그렇기에, 앞으로 시간이 지날수록 그리고 우리 사회가 선진화로 다가갈수록 강원용 목사가 남긴 유산은 그 가치가 점점 더 빛을 발할 것이다. 왜냐하면 강원용 목사가 소망한 미래는 단지 10년이나 20년이 아닌, 신앙의 자기 갱신으로 이 땅에 하나님의 공의가 실현되는 그날까지이며, 인간회복과 사랑의 완전한 승리까지 불의와 싸우는, '지금' 우리의 모습 안에서 '현실화되어가는 것'이기 때문이다.

"불안이 우리의 영혼과 운명을 갉아먹도록 내버려두어서는 안 된다." 강원용 목사의 이 말이 아직 귀에 쟁쟁한 것은 "우리가 잠잠하면 돌들이 소리를 지를 것"이기 때문이다. 따라서 50여 장의 사진 속에 담긴 고 강원용 목사의 삶의 기록에서 우리가 찾아야 할 것은, 단순한 추억이 아니라 당신의 외침, 당신을 통한 우리의 외침이다.

기억할수록, 보고 싶은 사람이 있다. 답답할수록 찾아가 매달리고 싶은 사람이 있다. 그러나 그는 여기에 없고 우리는 아직도 캄캄한 광야의 한복판을 지나고 있다. 여해 강원용 목사가 그토록 열망했던 인간화와 평화는 지금 어디까지 와 있는가. 우리가 자꾸 그의 발자취를 뒤지며 그의 목소리를 기억하려 애쓰는 것은 이곳이, 내 안이, 아직도 캄캄한 광야이기 때문이다.

강원용 목사와 함께 활동한 많은 지인과 후배들이 모은 후원회비로 기획, 제작된 이 사진집의 발간을 계기로 강원용 목사가 하고자 했던 일들, 폭넓은 사랑, 뜨거운 열정을 우리 모두 이어받아 '여해와 함께' 동행하기로 결의하고 노력하는 계기로 삼고자 이 사진집을 출간한다.

2011. 6. 1

'여해와 함께' 엮음

그리스도의 사랑

나의 뿌리

인생
시대의 격랑

한자리에
뿌리를 박고
평생 움직이지 않고
버텨왔을
저 벚나무와는 달리
나의 인생은
끊임없이
출렁이며 흘러왔다.

나의 꿈도
사상도 신앙도
한자리에 머물지 않고
끊임없이
변화해왔다.

내가 살아온
시대의 격랑이,
숱한 사람들과의
만남이,
나를 실어
이 자리에까지 왔다.
그러나 돌아보면
나의 뿌리는
그대로다.

나의 뿌리는
내 나이 열다섯에
처음 만난
그리스도의 사랑이고
살아오는 동안
그
뿌리는
더욱
깊어갔다.

만주 용정의 은진중학교 학우들과. 1937

은진중학교 학생회장 시절. 1937

은진중학교 럭비부. 뒷줄 한가운데 키 큰 학생이 강원용 목사. 1937

미국 유학을 마치고 귀국길에. 1957

미국 유학에서 돌아와
한신대에서 강의하며. 1958

해방으로 이기는 싸움

이웃과 더불어

용서

두려움 없이

예수 그리스도를
믿는다는 것은
그의 해방선언을 믿고
세상 안에서
두려움 없이
사는 것이다.

—

열린 마음으로
이웃과 더불어
사는 것이다.

—

보이지 않는 사슬로부터
해방된 인간으로
사는 것이다.

그것은 구체적으로
인간을 얽어매는
온갖 사슬에 도전하여
잘못된 정치,
불공정한 제도,
그릇된 사조와
싸우는 것이다.

—

그러나 이 싸움은
보복이 아닌 용서로,
파괴가 아니라 건설로,
속박이 아니라
해방으로 이기는
싸움이어야 한다.

한신대 예배당 강연, 1958

강원용 목사가 집전한 기독교와 유교가 만난 장례식. 연도 미상

인간화의 길

기쁨

공동체

참
여

인간회복은 인간이 제 발로 걸을 수 있게 만들어주는 일이다.

마침내 나면서부터
앉은뱅이였던
그는,
주체적인 자아가 되어
걷고 뛰면서
하나님을 찬양하고
성전으로 들어갔다.

인간회복이란

주체자가 됨이요

기쁨을 찾는 것이요

공동체에 참여하는

것이다.

크리스챤아카데미 대화모임 '선교와 봉사를 위한 한국교회의 공동과제', 1965

수유리 집무실에서. 1970년대

뉴질랜드에서 열린 아시아기독교협의회, 1974

아카데미하우스

대화의 길

이해

극단을 넘어

수유리 아카데미하우스 건설 현장. 1966

크리스챤아카데미 청년사회 중간집단 교육. 1975

크리스찬아카데미 10주년 기념 대화모임
'한국사회의 진단과 전망'에서 법정스님과 함께. 1975

부활

진리

사랑

구원

예수의 부활은

생명이
죽음을 이긴
사건이고,

사랑이
증오를 정복한
사건이며,

진리가
불의에 승리한
사건이다.

그러므로
하나님이 와 있는 곳이
바로 하나님의 나라요,
사랑에 지배받는
삶 속에
이미
구원이
와 있는 것이다.

크리스챤아카데미 노조 간부 지도력 개발과정 중간집단 교육. 1977

크리스챤아카데미 종교사회 중간집단 수녀교육. 1974

이숙이
김정자
순금
정정선

그러나
양극화가 해소되고
자유와 평등이
비교적 훌륭하게
실현된다는 것만으로는
우리가 꿈꾸는
사회구조가 될 수 없다.
–
우리가 지향할 사회규범은
곧 인간화이다.
–
모든 것은 인간을 위해
존재한다.
–
즉 인간은 목적이다.
–
인간이 수단이 되는 사회는
악의 구조이다.

양
극
화
를
넘
어

인간화로

자유의 쟁취

사랑

악과의 싸움

고 양호민 교수. 이화여대 학생들과 함께한 크리스챤아카데미 청년사회 중간집단 교육. 1974

크리스챤아카데미 청년사회 중간집단 교육. 1974

"변화하는 사회속에서의 자아확립" … 강원용 원장

민
주
화
의 요람

중간집단

교육

공동사회

중간집단의 기능을

요약해서 말하면,

–

힘을 가지지 못한

사람에게 힘을

불어넣어주면서

억압자에게

압력을 가하는

압력 집단의 역할을

하는 동시에

–

화해와 통합의 역할을

감당하여

모두가 함께 사는

공동사회의 건설에

노력하는 것이다.

–

한마디로

압력과 화해의 기능이라고 할 수 있다.

한명숙, 장필화 등 크리스챤아카데미 스태프들과 수원 사회교육원에서. 1970년대

세계종교평화회의 북경 대회. 1986

스위스 제네바, 세계교회협의회 총회, 1968

사진 왼쪽의 김재준 목사 등과 함께한 한국기독교장로회 총회 야외예배, 1973

스위스 제네바 세계교회협의회 본부에 모인 중앙위원들.
사진 한가운데에 강원용 목사. 1977

패배와 승리

깨달음

사랑의 확인

초월

나는 시련에
끄떡도 하지 않는
용감한 영웅이나
초월한 도인도 아니고
그렇다고 시련에
무릎을 꿇어버린
패배자도 아니다.

그저 보통 사람으로서
시련의 고통에
몸서리치면서,
그 속에서 내가
깨달아야 하는 게 무언지,
무엇을 배워야 하는지
끊임없이
자문하며 지내왔다.

그렇지만

시련
　‘때문에’
내가 고통스러웠다고
하소연하기보다는

시련에도
　‘불구하고’, 더 나아가

시련을
　‘통해서’
사랑을 확인했다.

사랑을 보는 것이야말로
내겐
진정한 초월이자
승리였다.

사진 오른쪽의 봉산탈춤 예능보유자 김선봉 선생과 함께한 크리스챤아카데미 문화공연 프로그램에서. 1978

생
명
의

가치

인간

사랑의 목적

자유

우리는
힘과 지혜를 다해
생명을 아껴야 한다.

생명은 오직
가장 값있는 사랑 이외에
딴 목적이 있을 수 없고
그 사랑은
어디까지나
그 사람만이
판단할 수 있는
자유의사여야 할 것이다.

이런 의미에서
인간을 비인간화하는,
구체적으로 말하면
사람의 자유나 사랑을
억압하거나
사람의 생명을
수단으로 삼는
일체의 제도나 철학은
악이다.

아르메니아 방문, 세계교회협의회 중앙위원 활동 시절, 1982

빈 들에서 외치는 소리

당신은 정치가요?

아니요.

당신은 사회운동가요?

아니요.

그러면

당신은 누구요?

"나는

빈

들에서

외치는

소리요."

·
·
·
·
·
·

나는 한 인간을
기억한다는 것이
어떤 의미인가를
되묻지 않을 수 없었다.

–

나 역시
언젠가는
세상을 뜰 터인데
후세 사람들이
나를 어떻게
기억할 것인가를
생각하면,
무섭다는 생각도 든다.

–

나의 단점은
완전히 지워버리고
대단한 인물로
변조되거나
덧칠되지 않기를
바란다.

–

불완전하고
단점도 많은
나약한
인간의 모습 그대로
기억되기를
바랄 뿐이다.

사랑의 윤리

생명

실천

그리스도

크리스찬아카데미 '한반도 평화를 위한 동북아시아 국제 평화회의'에서
고 김수환 추기경과 함께. 1999

크리스찬아카데미 30주년 기념식에서. 1995

크리스챤아카데미 뉴스레터 『대화』 테마대담 중에. 1992

나 날 이

새롭게

열린

미래

미래는 아직도
불확실하고
신선하다.

—

언젠가는 내 육신도
흙으로 돌아가겠지만
죽음이라는
'불가지不可知의 세계'를
맞이하는 순간까지
나는 지금까지 내가
그래 왔듯
'나날이 새롭게'
살아갈 것이다.

—

나는 언제나 과거에
얽매인 사람이 아니라
미래를 향해 열려 있는
사람이고자 했고,
그 생각은 지금도
여전하다.

—

앞으로도 계속
그럴 것이다.

하
나
님
의
나
라

구원

죄와 정의

하나님이 와 있는 곳이
바로 하나님의 나라요,

–

사랑에 지배받는
사람들의 삶 속에
이미
구원이 와 있는 것이다.

–

사랑 안에서는
죄가
정의로 바뀌고
억압은
자유로 변화된다.

일본 도쿄에서 열린 니와노평화상 시상식, 2000

우리는 어찌할 수 없는
이 암흑과 절망 속에서라도
부활하신 주님을 똑바로 바라보면서

―

증오에는 사랑으로,
억압에는 자유로,
불의에는 정의로, 도전할 것이다.

―

죽음과 생명,
억압과 자유,
패배와 승리의 갈림길에 서서
우리는
생명과
자유와
승리를
우리 것으로 삼아야겠기에
역설적으로
죽음의 길과
억압받는 길과
패배의 길을
걷고자 하는 것이다.

―

우리가 잠잠하면
돌들이 소리를 지르리라.

강원용

감사드리며

이번에 제작된 강원용 목사의 사진집『여해 강원용』에 소개된 청년 시절의 몇몇 사진은 강원용 목사도 생전에 본 적이 없는 것들로, 지난 30년간 간도 사료를 연구하고 수집해온 규암 김약연의 증손자 김재홍 선생님의 수고에 힘입어 최근에 발견된 것입니다. 귀중한 사료를 선뜻 제공해주신 김재홍 선생님께 특별한 감사를 드립니다.

아울러 사진 정리 작업 공간을 제공해주시고 사진 자료도 제공해주시는 등 물심양면으로 큰 도움을 주신 경동교회와 박종화 목사님께 감사드립니다.

무엇보다 사진 한 장 한 장, 묻은 먼지를 닦고 매만지는 일에서부터 사진작업의 전 과정을 꾸준히 뒷받침해준 김훈 님의 노고가 컸습니다. 사진집을 만드는 작업에 동참하면서 강원용 목사와 처음 만난 한신대 신학과 대학원생들인 차은혜, 권영림, 김용훈, 심민정 님께도 고마움을 전합니다.

이 모든 준비에도 불구하고 안상수 님의 도움이 없었더라면 저희는 이 사진집을 출판할 수 없었을 것입니다. 사진집을 높은 격의 작품으로 만들어주신 안상수 님께 마음 깊은 곳으로부터 감사의 뜻을 전합니다. 또 정성스럽게 책을 만들어주신 날개집의 김은영, 박하얀 님께도 큰 감사를 드립니다.

이 사진집에 인용한 강원용 목사의 어록 출전을 일일이 표시하지는 않았지만 『빈 들에서』, 『역사의 언덕에서』, 『강원용전집』에서 부분 부분 발췌한 것임을 밝혀 둡니다.

마지막으로 이 사진집을 출간할 수 있도록 재정적 후원을 해주신 후원회원 여러분들께 진심으로 감사드립니다.

2011. 6. 1
여해와 함께

이 사진집 발간을 위해 후원해주신 분들께 감사드립니다.

* 가나다순

강구한
강근송
강대희
강문규
강승
강신용
강신자
강영숙
고 강원용(강대인)
강형용
강혜숙
강혜자, 강혜원
강혜정
고건
고 고범서
곽병선
국혜자
권인혁
김경래
김경재
김광명
김광영
김근화
김남석
김동성
김명자
고 김명주
김문환
김범일
김봉기
김삼규
김상진, 고순희
김선욱
김성재
김수
김수학
김순옥
김시은
김영관
김영화
김옥라
김완숙
김용기
김용태
김용호
김융희
김이곤
김인규
김일영
김재희
김정례
고 김정순
김정후
김종화, 황영자
김춘자
김학천
김현자
김형규
김형문
김혜경
나영수
나윤선
남재희
노복미
노정자
동훈
류민자
박경서
박남표
박명남
박무용
박영숙
박은정
박재윤
박재하
박정숙
박청수
박현진
박형기
박홍섭
배정희
백남례
법륜
서명선
서정도
소홍렬
손용석
손창욱
송영자
송월주
신낙균
신익호
신인령
신필균
심영철
안덕균
안병찬, 이정자
안재웅
안혜초
양승인
양종회
어경택
오재식
오정림
오현주
유순형, 김정애
윤응진
윤호미
윤후정
이강백
이강태
이경자
이계경
이광애
이광택
이근배
이기래
이동석
이명철, 강혜금
이범준
이부영
이삼열
이상만
이상화
이선종
이승신
이신행
이어령
이영순
이영일
이영희
이우재
이윰
이은애
이은희
이인호
이정숙
이정희
이종덕
이주원
이김현숙
이현숙
이혜경
이홍구
이화수
이회환
임연철
임종률, 차옥혜
장도송
장우주
장춘자
장필화
전덕기
전팔근
전혜숙
정갑영
정동기
정동수
정숙자
정숙화
정승일
정용근
정원식
정윤식
정의숙
정지강
정진위
정현백
조규영
조두금
조영미
죽산상철
진민자
차명희
차미경
채문경
채수일
최근덕
최동한
최문자
최순영
최승태
최일선
최재승
최정옥
최종학
최준식
최진옥
한명숙
한송죽
함청숙
허영환
형난옥
홍기선
홍성혜
무명
경동교회
기독교백주년기념사업협의회
수유회
실업극복국민재단
한신대학교